L'AFFAIRE DREYFUS

JOSEPH REINACH

UNE CONSCIENCE

LE LIEUTENANT-COLONEL PICQUART

PARIS

P.-V. STOCK, ÉDITEUR
(Ancienne Librairie TRESSE & STOCK)
9, 10, 11, GALERIE DU THÉATRE-FRANÇAIS
PALAIS-ROYAL

1898

UNE CONSCIENCE

LE LIEUTENANT-COLONEL PICQUART

L'AFFAIRE DREYFUS

JOSEPH REINACH

UNE CONSCIENCE

LE LIEUTENANT-COLONEL PICQUART

PARIS
P.-V. STOCK, ÉDITEUR
(Ancienne Librairie TRESSE & STOCK)
8, 9, 10, 11, GALERIE DU THÉATRE-FRANÇAIS
PALAIS-ROYAL

1898

UNE CONSCIENCE

LE LIEUTENANT-COLONEL PICQUART

I

UN HÉROS

28 août 1898.

Ces gens-là ont une pierre à la place du cœur, détestent la vérité comme une ennemie personnelle, bousculent la justice comme une fille d'auberge et se soucient du verdict de l'histoire comme un bon citoyen des injures d'un pamphlétaire. Cependant, ce qui les caractérise, c'est leur ignorance de l'âme humaine.

De tout temps, en tous pays, ç'a été une beauté de l'âme humaine, de l'âme des foules, qu'elle va d'instinct vers ceux qui souffrent, qui sont persécutés. La foule ne distingue pas facilement entre la vérité et le mensonge. Mais, quand elle voit des hommes qui pourraient rester tranquillement chez eux à cultiver leur jardin descendre, de propos délibéré, dans la plus rude des batailles, et, pour une cause, quelle qu'elle soit, affronter les périls, les humiliations et les iniquités, les subir sans broncher et, la tête haute, défier le destin, ayant fait le sacrifice de tout ce qui paraît enviable dans la vie, hors l'honneur, — alors le doute lui vient, et c'est vers les vaincus qu'elle se tourne. Vous pouviez traiter ces hommes par le dédain : vous leur répondez par l'injustice, par la force. Merci.

Voici un soldat, un fils de l'Alsace captive, devant qui s'ouvrait le plus radieux avenir. Il n'avait qu'à se taire pour être demain le plus jeune général, comme il était hier le plus jeune colonel de l'armée française. Il a refusé de prostituer sa conscience : il a parlé. Alors, tout s'est effondré autour de lui, sa carrière a été brisée, son épée lui a été enlevée, tous les pouvoirs publics se sont coalisés pour protéger les malfaiteurs qui avaient conspiré sa perte ; il a été jeté en prison ; les accusations les plus hideuses sont sorties pour l'accabler du texte torturé des lois ; toutes les juridictions partent en guerre pour le frapper encore à coups redoublés. Le voilà bien à bas, n'est-ce pas? Non, c'est lui qui est debout. Il n'était qu'un soldat loyal, un honnête homme. Le voici un héros, un martyr, le héros du Droit, le martyr de la Vérité. Merci.

Et vous croyez que le peuple ne commence pas à voir cela? Car ils croient vraiment qu'étant les maîtres de la gendarmerie et de tous les gardes-chiourme, ils le sont aussi de l'âme française. Elle dort, disent-ils, on peut tout oser. Tout juste, elle s'éveille. Mais qui la réveille? Ce n'est pas nous, c'est vous. Merci. Continuez. Allons! encore quelques dénis de justice, encore quelques coups de force, encore quelques-uns de ces actes violents, arbitraires, cyniques, qui sont passés de mode en Tartarie.

Ce que j'en dis, ce n'est pas pour diminuer le mérite de ceux qui luttent pour la Vérité. Il leur arrive parfois, à ces lutteurs, aux heures où le ciel est le plus sombre, où les cris de la populace sont le plus furieux et les railleries de l'étranger le plus amères, il leur arrive de douter de ce pays. Non, cent fois non, il n'en faut pas douter, et aujourd'hui moins que jamais. Il est d'autres pays, de par le monde, où des erreurs, des crimes judiciaires ont été commis. Mais où est le pays qui, d'une telle crise, aurait fait une crise nationale? Dans quel autre pays, sous quel autre régime, eût-on seulement compris l'anxiété qui nous étreint depuis de longs mois ? « C'est un grand bonheur pour la France, disait Tolstoï l'autre jour, qu'un pareil problème se pose devant sa conscience. » Et, depuis la Réforme, la conscience humaine n'aura pas franchi de plus grande étape que celle qu'elle franchit aujourd'hui. Donc, il faut s'incliner devant une pareille entreprise de faire pénétrer la morale dans la politique.

Mais ceux qui lui assurent la victoire, c'est ceux qui la lui disputent. Leurs moyens jugent leur œuvre. Ce n'est pas ainsi, par de pareilles armes, empoisonnées ou brutales, qu'on défend une cause qui serait bonne. Ils crient eux-mêmes ainsi que leur cause est mauvaise, détestable, irrévocablement perdue. Si vous détenez la vérité, montrez-la. Ils ne la montrent pas. Le crime, c'est de demander qu'on la montre, c'est d'en avoir soulevé le voile.

Et devant tant de vilenies, d'hypocrisies et de lâchetés, la lumière ne se ferait pas, elle ne jaillirait pas de cette nuit ? Allons donc ! On dirait que ces gens-là n'ont jamais étudié l'histoire d'aucune des grandes révolutions qui ont fait avancer l'humanité dans la voie du progrès. Ils font exactement tout ce qu'ont fait tous leurs prédécesseurs dans la défense du mensonge et de l'arbitraire. Mêmes discours, mêmes actes. Ils oppriment comme eux. Comme eux, ils faussent tous les ressorts de la justice. Il leur suffit, comme à eux, d'être la force.

Cela suffisait aussi à de plus grands qu'eux, à de plus puissants. Qu'en reste-t-il?

II

UNE CONSCIENCE

20 septembre 1898.

On prête ce propos à l'un des officiers qui avaient le plus d'intérêt à maintenir le capitaine Dreyfus au bagne et Esterhazy dans l'armée : « Ah ! Picquart, quel misérable !... C'est lui, tout de même, qui sera généralissime ! »

Je ne sais pas si le colonel Picquart sera généralissime. Mais, ce dont je suis certain, c'est qu'au siècle prochain, dans deux ans, son exemple sera cité dans tous les manuels d'enseignement civique, qu'il sera l'orgueil de l'armée comme il en est déjà l'honneur — et que ceux-là qui se seront associés aux infamies dont cet admirable soldat a été victime ne se le pardonneront jamais.

*
* *

Dans cette histoire, si complexe et si embrouillée en apparence, si simple en réalité, simple comme une tragédie antique, rien de plus simple que l'acte du colonel Picquart.

Un jour, des fragments d'une lettre ramassée dans une ambassade étrangère, le fameux *petit bleu*, mettent le chef du bureau des renseignements sur la piste d'un traître. Cette pièce, à elle seule, n'est pas une preuve : elle n'est qu'une indication. Le colonel Picquart suit la piste. Il y acquiert, au bout de quelques pas, la certitude que le bordereau, sur lequel Dreyfus a été condamné, n'est pas l'œuvre de l'infortuné qui est enterré vivant à l'Ile du Diable, mais d'un espion, d'un traître depuis longtemps aux gages de la Prusse, d'Esterhazy.

Si les chefs du colonel Picquart avaient fait, eux aussi, leur devoir; si, loyalement, ils avaient ouvert une instruction loyale contre Esterhazy; plus tard, à la suite de cette instruction, s'ils avaient demandé d'eux-mêmes la revision du procès Dreyfus : le héros, qui est en Picquart, attendrait encore, sans peut-être se soupçonner lui-même, l'occasion de se révéler. On dirait de lui, dans un petit cercle d'officiers et d'hommes informés, qu'il a fait preuve, dans une circonstance grave, de clairvoyance, d'intelligence et de décision. La gloire même de la revision, de la réparation spontanément accordée à la victime de la plus lamentable des erreurs judiciaires, appartiendrait à un autre. C'est cette gloire dont M. Billot n'a pas voulu.

**
*

Jusqu'ici Picquart n'a été qu'un officier perspicace, doué de sens critique. Il va trouver l'un de ses chefs qui lui dit : « Mais, après tout, ce n'est pas vous qui êtes à l'Ile du Diable ! « Picquart répond : » Croyez-vous que je descendrai dans le tombeau avec un pareil secret ? »

C'est le même chef, je crois, à moins, hélas ! que ce ne soit un autre, qui avait dit : « Il y a peu de chose dans le dossier Dreyfus. » C'est le dossier qui contient aujourd'hui mille pièces. Picquart laissa tomber cette parole ; Henry la ramassa.

Ici, à cette minute précise, quand Picquart invoque sa conscience devant le chef qui a deux ou trois galons de plus que lui, naît le héros. Il naît, encore comme dans la tragédie, du conflit des devoirs. D'une part, le devoir professionnel ; de l'autre, le devoir moral.

Le problème est redoutable entre tous : comment le résoudre ? De ces deux devoirs qui s'opposent, qui sont en lutte, quel est le plus haut, le plus impérieux?

« Je dois plus à l'humanité qu'à ma patrie, a dit Fénelon, à ma patrie qu'à ma famille, à ma famille qu'à mes amis, à mes amis qu'à moi-même. »

Il faut sacrifier ceci à cela. Que va sacrifier Picquart? Il ne sacrifiera que lui-même.

Et, ainsi, ne sacrifiant que lui-même, il conciliera ses deux grands devoirs, son devoir d'homme, son devoir de soldat, en apparence inconciliables, — inconciliables, en effet, dans les régions basses ou médiocres, mais qui se confondent dans les sphères élevées où il n'y a qu'un devoir, le devoir kantien : « Agis d'après une maxime telle que tu puisses vouloir qu'elle soit une loi universelle. »

***

Il s'épuise d'abord à convaincre ses chefs de la vérité, à les convertir à la justice. Il se heurte à un mur d'iniquité. Il descend jusqu'à leur prouver que la justice, c'est leur intérêt, le plus vulgaire de leurs intérêts, l'intérêt personnel. Il se heurte à un mur d'imbécillité. Il ne se décourage pas : il parle, plaide, conjure sans se lasser.

A la veille du jour où le général Billot va faire à la tribune de la Chambre son premier parjure, le voisinage de cette conscience l'inquiète. « L'œil était dans la tombe... » Il faut éloigner ce gêneur. Alors commence cette longue mission, mensongère d'abord, bientôt meurtrière, à je ne sais quelle frontière, puis, en Afrique, au désert, sur la route où périt Morès, la mission que le roi David confia à Uri.

Picquart obéit. Un grand effondrement s'est fait en lui. Les voilà donc, ces chefs empanachés devant qui s'inclinent les drapeaux, qui commandent à l'armée de France, au signe de qui des milliers et des milliers d'hommes mourront demain, joyeusement, — et qui savent qu'un innocent expie dans un horrible martyre le crime d'un autre, et qui l'y laissent. Il leur obéit cependant — et il se tait.

Ses amis s'étonnent de ce départ subit, inexplicable. Il ne leur en pourrait donner la raison qu'en déshonorant ses chefs. Il dévore cette amertume et se tait encore.

De loin, sur un autre continent, de l'autre côté de la Méditerranée, sa pensée trouble toujours ceux qui l'ont fait partir. Il faut chercher à mettre la pédale sourde à sa conscience. Sa carrière militaire a été belle, brillante, rapide. On la lui fera plus belle, plus brillante, plus rapide encore. On le fait le plus jeune colonel de l'armée française. Sa conscience reste intacte.

Alors, après la tentative de corruption, la menace, l'injure. C'est l'infernal réseau de machinations scélérates où du Paty essaie de le perdre. Henry, plus grossier, plus rude, lui adresse une sommation comminatoire, l'accuse, l'insulte, lève, pour l'intimider, un coin du voile qui cache les crimes que prépare, dans l'ombre, l'usine dont ce faussaire est devenu le chef.

Et que fait Picquart? Simplement, seulement ceci : il prend respectueusement conseil de quelques personnalités militaires, puis, devant le danger croissant, charge de sa défense un avocat qui est son ami d'enfance. Il lui montre la lettre d'Henry, lui confie que, s'il est en butte à de telles menaces, c'est qu'il a découvert que le bordereau n'est point de Dreyfus, mais d'Esterhazy. Il ne lui en dit pas plus, ne lui confie même pas le texte, d'ailleurs si inoffensif, du *petit bleu*.

Voilà son crime; cet acte de défense personnelle, si discret, si naturel, c'est cela que M. Cavaignac, torturant jusqu'au faux le texte de la loi, a dénoncé comme un crime, un acte d'espionnage.

*
* *

Est-il besoin de dire que ce n'est pas là le crime de Picquart ? Le voici :

Quand Scheurer-Kestner eut pris en main la cause de la revision, quand Mathieu Dreyfus eut dénoncé Esterhazy, une instruction fut ouverte ; le colonel Picquart fut appelé comme témoin.

Il est interrogé par le général de Pellieux : il dit la vérité. Par Ravary : il dit la vérité. Par le général de Luxer : il dit la vérité. Par le président Delegorgue : il dit la vérité.

Et toujours, partout, le misérable dit la vérité, rien que la vérité.

Il n'y a pas d'injures, d'outrages, de calomnies hideuses que ne déverse sur ce soldat la presse qui exploite l'honneur de l'armée et en trafique. Il n'y a point d'affronts, de vilenies, d'injustices dont il ne soit l'objet de la part des hommes qui détiennent le ministère de la guerre. Ses camarades d'hier, qui l'estiment, qui l'admirent, reçoivent l'ordre de se détourner de lui. Il est chassé de l'armée, il est jeté en prison. Et, toujours calme, impassible, il dit la vérité, rien que la vérité.

Il a découvert un espion, un traître à gages : l'exil.

Il affirme l'innocence d'un martyr : la mise en réforme.

Il s'offre à prouver que le gouvernement de la République a été trompé par toute une bande de faussaires : la prison.

Et comme toutes ces humiliations, toutes ces souffrances, il les subit pour la cause sainte de la Vérité, elles lui sont douces. Rien ne vient troubler sa sérénité. Il a fait tout son devoir de soldat, il fera tout son devoir de citoyen, et de la même manière tranquille. Un seul regret, mais pas pour lui-même. Que de hontes, que de douleurs eussent été épargnées à l'armée, à la patrie, si ceux qui avaient des yeux pour voir ne les avaient pas volontairement fermés !

*
* *

Demain, il va être jugé.

S'il était possible à un républicain de ne pas aimer la République, qui est la France, par-dessus tout, je lui souhaiterais une nouvelle condamnation qui le grandirait encore.

Être condamné pour la Vérité quand elle est abattue, pour la Justice quand elle est foulée aux pieds, cela est logique. Mais quoi ! la Vérité

éclate comme un soleil, la Justice triomphe, et il serait frappé encore !

Il y a des crimes qu'on ne peut commettre que dans la nuit. Or, l'aube se lève et voici le jour...

III

MANŒUVRE INFAME

22 septembre 1898.

J'ignore qui a inspiré cette manœuvre infâme, quels sont les scélérats qui ont trompé la bonne foi du ministre de la guerre. Je sais seulement qu'ils seront connus un jour, bientôt, et que, ce jour-là, il n'y aura pas de pilori assez haut, de bagne assez noir pour ces misérables que l'Armée vomira avec dégoût.

J'ai dit déjà quel était le crime de Picquart. Il a découvert dans les rangs de l'armée un traître à gages. Il a démontré l'innocence d'un martyr. Il a offert de prouver au gouvernement de la République qu'il avait été trompé par une bande de faussaires. Pour avoir été ainsi l'homme de la vérité, le héros de la Justice et du Droit, il a été envoyé en exil, dans une mission meurtrière, traîné dans toutes les boues par une presse immonde à la solde de quelques bandits galonnés, chassé de l'armée, jeté en prison, accusé d'espionnage, lui, le soldat sans reproche, par un Cavaignac!

Or, comme tous ces crimes ne suffisaient pas à arrêter la vérité en marche, comme, tout au contraire, plus haut s'élevait la montagne des forfaits accumulés, plus claire s'épanouissait la lumière, voici ce que les brigands, pris à la gorge par la justice, ont inventé : ils ont fait accuser le colonel Picquart d'avoir fabriqué le *petit bleu* qui le mit sur la piste d'Esterhazy.

Ah! le colonel Henry a été convaincu d'avoir fabriqué un faux! Alors, les complices d'Henry accusent le colonel Picquart d'avoir commis le même crime. Et, dans leur sombre pensée, ce sera coup double : contre Picquart, témoin principal de la vérité à la barre de la justice et de l'histoire, qui sera déshonoré, souillé brisé; contre Dreyfus qui se lèverait d'entre les morts, et sur qui retomberait, plus lourde, éternelle, la pierre du sépulcre.

Tel leur plan, conçu dans l'ombre, préparé, je l'affirme, à l'insu de Brisson, par Cavaignac, poursuivi, toujours à l'insu de Brisson, je l'affirme encore, par les coquins que Cavaignac avait laissés dans la place ; et qui tout à coup a éclaté hier matin, d'abord dans cette presse qui sert de dépotoir à cette sentine, l'ancien bureau des renseignements ; puis au tribunal, à la minute précise où allait crouler, sous des preuves vengeresses, l'autre accusation, moins hideuse, mais non moins inepte, et que cette nouvelle vilenie devait renforcer.

Et, certes, le plan n'était pas mal combiné, bien digne de tous ceux qui, depuis des années, entassent les faux sur les parjures, les calomnies sur les guet-apens. La crédulité d'un ministre mal informé n'y avait rien vu ; la faiblesse des hommes politiques qui proclamaient, hier encore, si solennellement, la suprématie du pouvoir civil, n'avait pas su arrêter cette manœuvre tramée à leur insu, contre eux, avec on ne sait quelle complicité. Seulement, ces drôles, dans leurs calculs, n'avaient pas tenu compte de cette force plus puissante que toute leur scélératesse : la force de la Vérité, la force de l'Innocence.

Ç'a été un grand, un inoubliable spectacle que celui qu'a vu hier le public enfiévré qui se pressait dans l'enceinte du tribunal correctionnel. Après que Labori, de sa vibrante parole, eut dénoncé le nouveau, le dernier complot des malfaiteurs aux abois, Picquart s'est levé. Calme, la tête haute, indomptable dans cette bataille pour la cause sacrée de la Justice et du Droit, il a, d'un mot, balayé la sale calomnie, si sale que Billot n'avait pas osé la ramasser, que Lauth lui-même n'avait qu'insinuée. Toutes les juridictions, fort de sa conscience intacte, il les affrontera. Mais, qu'on le sache bien : si, dans la nouvelle prison qui l'attend, on le trouve un matin pendu à quelque espagnolette ou la gorge coupée d'un coup de rasoir, non, il ne se sera pas tué, il aura été assassiné.

Et sur cette parole tragique, antique, de ce grand honnête homme, non seulement l'honneur de l'armée et de la France, mais l'un de ceux qui permettent aux penseurs de ne pas prendre l'humanité tout entière en un trop amer dégoût, l'effondrement de l'atroce machination a commencé. Les juges, tout de suite, vaincus par cette explosion de lumière, ont ajourné *sine die* un procès qui n'avait plus de sens, qui se jugera ailleurs, devant la Cour suprême, où se vérifieront jusqu'aux moindres paroles de cet admirable soldat. Et les ministres eux-mêmes ont eu honte : la monstrueuse accusation qu'ils ont laissé porter contre Picquart, ils la désavouent. S'ils ne l'ont pas arrêtée au passage, renvoyée à l'égout, c'est pour permettre à Picquart de détruire, en pleine lumière, la calomnie, de confondre les calomniateurs. Soit ! ne discutons pas ce repentir, acceptons cet honorable mensonge.

Soyez tranquilles, braves gens qui, depuis de longs mois, luttez et peinez avec nous : ce n'est pas cette dernière convulsion du monstre qui empêchera la victoire de la Vérité. Picquart sera plus grand demain, et, demain aussi, la Vérité sera plus radieuse, plus éclatante la lumière dont elle inondera le ciel. Hier, quelques-uns des scélérats eussent pu échapper, terrés dans leurs repaires, tapis dans l'ombre. Ils se sont livrés aujourd'hui ; aucun d'eux n'échappera demain. La main de fer du Destin est sur eux, et sa poigne est pareille à celle du Commandeur : elle ne lâche prise que dans l'abime.

IV

LES ÉTAPES DE LA PERSÉCUTION

23 septembre 1898.

Le plus grand crime que puisse commettre, en cette fin du dix-neuvième siècle, sous la République, un officier français, le voici : c'est de dire la vérité, de vouloir la justice.

Un tel crime est inexpiable, malheur à celui qui le commet ! Aucune vilenie, aucune indignité ne lui sera épargnée.

Voici les faits, *nuda facta,* les faits nus :

Un officier du plus rare mérite, le commandant Picquart, est nommé chef du bureau des renseignements. Sur la recommandation de qui? Du colonel Sandherr qui, lui-même, l'a désigné comme son successeur. Un jour, un papier, sans valeur par lui-même, probant seulement par le lieu d'où il vient, le met sur la piste d'un traître.

L'homme que ce papier dénonce est-il vraiment un traître, un espion à gages? Il n'y a plus un doute. On sait le salaire qu'il recevait : deux mille francs par mois. Il pouvait poursuivre en dénonciation calomnieuse ceux qui l'ont accusé. Il ne l'a pas fait. Plus de la moitié de la France, le monde civilisé tout entier, lui ont craché sa trahison à la face. Il a courbé la tête. Aujourd'hui il est en fuite. Cette fuite est l'irrémédiable aveu. Donc, sur ce premier point, Picquart avait eu raison.

S'il n'avait découvert que ce côté de la vérité, on l'eût laissé faire; on le laissa faire, en effet, tant qu'il ne s'agit que d'Esterhazy. Il ne se trouva personne alors, au bureau des renseignements, pas même Henry ou Lauth, pour suspecter l'authenticité du *petit bleu*.

Par malheur, entre cent et quelques trahisons, Esterhazy en avait commis une pour laquelle un innocent avait été condamné. Picquart découvrit aussi cela, qui sera demain la vérité légale. Ce jour-là, il fut condamné.

Ceux qui avaient commis le premier crime songèrent qu'ils ne pouvaient échapper au châtiment que par un second crime. Tel le héros du roman russe qui, entré dans une maison pour y commettre un vol, en sort assassin, ayant tué les deux femmes qui l'avaient surpris. Après Dreyfus, Picquart.

Il n'a dit d'abord la vérité qu'à ses chefs. Ceux-ci l'invitent au silence. Sa conscience refuse de se taire. Ils l'envoient en exil, sur les routes du désert où rôdent les assassins au voile noir, les Touaregs. C'est la première étape de la persécution et de la gloire.

Il tient bon, impassible. La corruption glisse sur lui comme l'eau sur le marbre. Alors, la menace éclate, par la bouche d'un faussaire qui est l'ami du traître et le porte-parole des grands chefs. La conscience haute ne fléchit pas.

La vérité, comme le feu souterrain, a trouvé une autre fissure par où elle s'échappe. Scheurer réclame le témoignage de Picquart. Il faut déconsidérer devant l'opinion, qui vient d'apprendre son nom, ce témoin, ce soldat. Et Pellieux, à la demande du traître, ordonne une perquisition, d'ailleurs illégale, chez Picquart. Et la presse immonde reçoit le mot d'ordre : outrage et calomnie à jet continu.

Picquart a juré de dire la vérité : il la dit. Il la dit à Pellieux, à Ravary, à Luxer. C'est trop. L'Etat-Major enjoint au ministre, son domestique, d'envoyer au Mont-Valérien, aux arrêts de forteresse, cet étrange officier qui refuse d'être un faux témoin.

Il est traduit devant un conseil d'enquête ; il y dit encore la vérité. Alors, comme Picquart est témoin au procès Zola, Billot garde secrète la décision du conseil. C'est dire nettement : « Tu tiens entre tes mains ta carrière d'officier, cette carrière si belle, que tu aimes, que tu honores. » Picquart a compris ; il reste encore fidèle au serment qu'il a prêté, et, aussitôt, il est chassé de l'armée.

Deux faussaires, le Uhlan, Du Paty, avaient fabriqué d'abominables dépêches qui faisaient de Picquart le chef d'on ne sait quel absurde et ténébreux complot. Picquart croit obstinément à la justice, porte plainte et, par miracle, trouve un juge. Ce juge prononce selon sa conscience ; sa sentence est brisée. Comment ? par quels moyens ? L'histoire le saura.

Dans cette extraordinaire bataille de la vérité contre le mensonge, pas une défaite de la vérité qui n'aide à son progrès. Maintenant, c'est un autre ministre de la guerre qui porte à la tribune de la Chambre un faux stupide avec deux pièces dont il affirme qu'elles s'appliquent à Dreyfus. Picquart offre de prouver que ces pièces ne s'appliquent pas à Dreyfus, que la troisième pièce est un faux. Le ministre de la guerre est le gardien des crimes de l'Etat-Major, il ne souffre pas qu'on ose y toucher. Picquart a eu cette audace : Cavaignac le jette en prison.

A peine Picquart est-il en prison que la lumière fait explosion. Le faussaire avoue son faux et se coupe la gorge ; le traître prend la fuite, avouant ses trahisons. En même temps, tout l'échafaudage des accusations portées contre Picquart s'est écroulé, il n'en reste rien. Tout ce qu'il a énoncé, l'événement l'a démontré : les faux d'Henry et de Du Paty, la trahison d'Esterhazy, l'innocence de Dreyfus.

Voilà Picquart sauvé : non, il est perdu. A cette imprudence qu'il avait eue de dire à Brisson, spontanément, sans qu'il fût interrogé, la vérité, Cavaignac n'avait répondu que par une accusation d'espionnage. Cette fois-ci, comme le scandale a été incomparablement plus grand, comme c'est Brisson lui-même qui a interrogé Picquart dans sa prison, voici la réponse du Sabre, à la fois à Brisson qui a voulu savoir la vérité, et à Picquart qui l'a dite : une accusation de faux devant la justice militaire, c'est-à-dire, après la prison, le bagne.

Demain, quand la revision sera ordonnée, de quoi l'accuserez-vous? Il est Alsacien, deux fois Français; ne pourriez-vous l'accuser de trahison?

C'est à ce prix que s'achète la plus pure gloire, en l'an 1898, sous le règne de M. Félix Faure...

V

AU CHERCHE-MIDI

24 septembre 1898.

Je ne suis allé qu'une fois à la prison du Cherche-Midi, pour déposer devant Ravary. — J'ai noté, le soir même, le récit de cette conversation ; je le publierai peut-être. On y verra ce que peut devenir, entre certaines mains, cette chose sacrée : la justice. C'est horrible. — Ravary occupait, pour y faire sa besogne, l'une des meilleures chambres de l'immeuble. Elle était basse, sale, étroite, lugubre. Je parle de la chambre. Toute la maison est sombre, à la fois moisie et sinistre. C'est bien celle de cette antinomie moyenâgeuse, la justice militaire. Quand on en sort, oppressé, pour descendre dans la rue, — même par une soirée brumeuse de décembre, on respire à pleins poumons, « tout le grand ciel bleu » vous rentre dans le cœur. C'est dans une cellule de cette prison que le colonel Picquart a été écroué. Il n'y a pas été incarcéré seul. Avec lui ont été livrés la liberté, le droit, ce qui reste de l'idéal républicain.

*
* *

Aussitôt livré, il a été mis au secret. Pour combien de jours ? Trois semaines, un mois ? L'autorité militaire en décidera selon son bon plaisir. Pendant tout ce temps, il ne verra pas une personne amie, ni sa sœur, ni aucun de ceux qui, aujourd'hui plus que jamais, seraient heureux de presser cette main loyale, ni son avocat. Le greffe lira toutes ses lettres. Il sera seul, toujours seul. Il faut qu'il souffre, moralement, sous le coup d'une infâme accusation, matériellement. Il a voulu la vérité, la justice. Un pareil crime ne saurait être expié par un châtiment ordinaire. Injures, outrages, calomnies, humiliations, rigueurs physiques, rien ne lui doit être épargné.

J'entends d'ici les pharisiens : « Qu'est-ce que ces petits désagréments matériels ? » Ce sont les mêmes gens qui se rient des duels sans résultat et qui trembleraient, de tous leurs membres, devant une épée nue. Je les engage à s'adresser à Ranc, que, lui aussi, en son temps, les persécutions, la prison, la déportation, ont trouvé invincible dans sa foi républicaine. Il leur dira ce que sont ces « petites misères » de la captivité.

La journée est longue, les nuits aussi. Vous allez à vos affaires, à vos plaisirs. M. le Président de la République chasse avec des seigneurs de vieille et de fraîche date. Il n'a pas été surpris, lui, comme l'a été Brisson, par cette abominable machination, par cette main-mise de l'autorité militaire sur la justice civile, si odieuse, si invraisemblable que ceux-là mêmes qui connaissent le mieux l'audace de l'état-major ont refusé d'abord d'y croire. Entre deux coups de fusil ou de fourchette, M. le Président de la République daignera-t-il élever sa pensée jusqu'au colonel Picquart, jusqu'à la cellule où il a été enfermé? Je voudrais le croire, je ne le crois pas. L'Ile du Diable où agonise, depuis quatre ans, un homme qu'il sait innocent, dont il a dit qu'il avait été condamné en violation de la loi, a-t-elle jamais hanté ses nuits? Il faut une certaine noblesse d'âme pour être accessible au remords. Et ce serait peine perdue que de lui dire la strophe, éternellement vengeresse, du poète :

> Les plus frappés sont les plus dignes.
> Ou l'exil, ou l'Afrique en feu !

Prince, Compiègne est plein de cygnes ;
Cours dans les bois, cours dans les vignes,
Vénus rayonne au plafond bleu...

Que lui importe que les plus frappés soient les plus dignes ! Lui aussi, comme l'autre, il se sera bien amusé.

*
* *

Ce n'est pas qu'il faille l'envier. La marque des âmes basses ou simplement médiocres est l'indifférence au jugement de l'histoire. Cependant, on y vit, dans l'histoire, et d'une vie autrement longue que celle d'ici-bas. Qui ne voit, déjà, la place qu'y occupera Picquart ? Elle était belle hier : combien plus belle elle sera demain ! Combien de cachots déjà qui sont des lieux sacrés de pèlerinage, d'où le visiteur le plus banal sort lui-même avec une conscience plus haute ! Cette longue liste s'est allongée d'une cellule de plus.

Et tous ceux qui connaissent Picquart, hors les scélérats qui tremblent avec raison devant ce prisonnier comme devant un impeccable témoin, savent où va sa pensée. Aujourd'hui comme hier, il ne pense pas à lui-même, mais à l'autre innocent qui expie là-bas, sur son rocher, le crime d'un autre. Il n'était pas son ami ; il l'avait eu simplement, pendant quelque temps, sous ses ordres ; il avait été le spectateur, presque impassible, du drame affreux où il avait sombré, du moins jusqu'à la parade d'exécution où le cri strident du malheureux, cette déchirante et lamentable protestation, ce grand sanglot, cet appel suprême à la France, avait éveillé dans son cœur, comme dans celui du général qui présidait au supplice, la première angoisse. Puis, un jour, il découvrit que ce maudit est innocent, entièrement, absolument innocent. Alors il lui sacrifia, parce que cette misérable ruine d'homme incarne la justice, la plus brillante et la plus heureuse carrière. Aujourd'hui encore, tranquille et doux, sans un regret, il lui offre sa misère et ses peines.

Le jour où il fut emprisonné pour la première fois, en sortant de l'hospitalière demeure de Trarieux, une noble femme, quelques heures avant son arrestation, lui disait toute sa douloureuse sympathie. « Il ne faut pas me plaindre, répondit-il ; après tout, j'ai bien fait quelque chose : j'ai écrit ma lettre au président du conseil pour lui dénoncer les faux qui ont été portés à la tribune de la Chambre. C'est l'autre qu'il faut plaindre, celui qui est écrasé sous un forfait qui n'est pas le sien, qui n'a rien fait, rien, rien. » Et les larmes montaient aux yeux de celle qui lui parlait ; il gardait, lui, son impassible sérénité.

*
* *

Il y a dans les choses une logique plus forte que toutes les forces brutales coalisées, même avec les plus savantes fourberies. Or, cette logique souveraine combat pour la justice. Aveugle qui ne verrait pas les victoires qu'elle a remportées depuis un an ! Tout était ténèbres il y a quelques mois : aujourd'hui, la lumière déborde de toutes parts. Eclatante celle qui est sortie du procès Zola, terrible celle qui est sortie du suicide d'Henry, décisive celle qui est sortie de la fuite du Uhlan. Celle qui sortira de cette arrestation Picquart, illégale autant que frauduleuse, de cette accusation portée contre lui, plus stupide encore qu'infâme, cette lumière sera plus vive encore. C'est elle qui dissipera les derniers nuages, qui plongera aussi au plus profond de l'abîme où tant de crimes contre le droit, contre l'armée, ont été perpétrés. Je la vois déjà, et le peuple la voit aussi. Il se dit, dans son bon sens simpliste, que l'homme qu'on arrête ainsi, dans l'ombre, par une signature escamotée, ne peut pas être un coupable. Il n'y a que les justiciers, les vengeurs, qu'on arrête ainsi.

Notre génération, si elle a assisté à d'inoubliables tristesses et aux pires ignominies, avait déjà eu ses grands hommes, qui étaient son orgueil et sa joie : poètes, penseurs, citoyens, savants. Il lui manquait un héros. Elle l'a.

Emile Colin. — Imprimerie de Lagny.

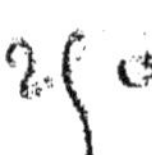

www.ingramcontent.com/pod-product-compliance
Ingram Content Group UK Ltd.
Pitfield, Milton Keynes, MK11 3LW, UK
UKHW020500230726
13925UKWH00005B/2056

9 782019 207977